AF316957

DETAILS HISTORIQUES

SUR

LES JOURNÉES

de Lyon,

ET LES CAUSES QUI LES ONT PRÉCÉDÉES,

Par Mr Collomb,

DE LYON.

. . . . De tout temps
Les petits ont pâti des sottises des grands.

LAFONTAINE.

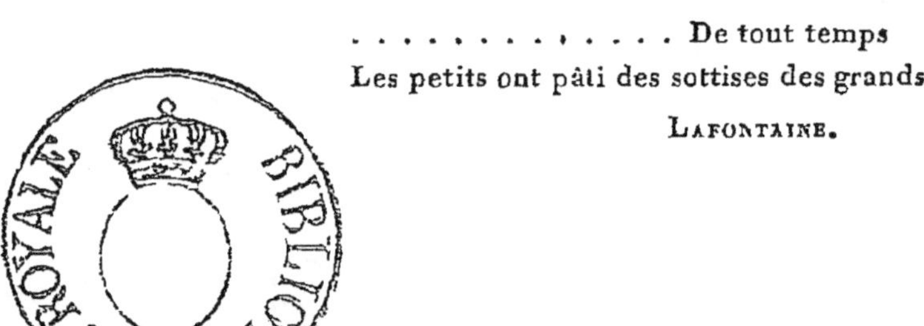

A LYON,

DE L'IMPRIMERIE DE CHARVIN,

Rue Chalamon, n. 1.

1832.

DÉTAILS HISTORIQUES

SUR LES

JOURNÉES DE LYON,

ET LES CAUSES QUI LES ONT PRÉCÉDÉES.

——————

De tout temps la classe ouvrière a formé la majeure partie de la ville de Lyon, célèbre par le siége qu'elle soutint en 1793. De même que dans la capitale, les ouvriers furent les premiers à prendre les armes lors des journées glorieuses de juillet 1830 ; ainsi, dans la seconde ville de France, ces mêmes ouvriers se sont-ils également empressés de renverser un gouvernement tyrannique, et de proclamer hautement leur amour pour la liberté et les couleurs nationales.

Seize mois se sont écoulés depuis cette ère nouvelle. Que d'événemens ont signalé ce court espace de temps ! La liberté électrise d'abord les habitans de la Belgique ; dans sa marche rapide, elle embrase le cœur des nobles Polonais qui, n'écoutant que leur courage et leur touchant dévouement, se lèvent en masse contre leurs oppresseurs. Héroïque Pologne ! tu as montré à l'univers entier ce que peut un cœur brûlant du désir de secouer un joug onéreux et pénible. Nobles Polonais, dignes soldats de Kociusko et de Sobieski, votre valeur et votre noble résistance seront écrites en lettres d'or sur les murs sacrés du Panthéon.

Braves Lyonnais ! vous aussi avez prouvé votre sympathie pour les Polonais ! Vous aussi avez eu votre révolution. Imitateurs du peuple parisien, votre réveil en 1830 a été celui du lion; vous avez pris les armes pour défendre vos libertés, et, plus heureux que vos frères de la capitale, une seule goutte de sang n'a pas ensanglanté vos murs. Heureux, si la misère et la cupidité de quelques vils spéculateurs, toujours disposés à s'engraisser du sang de l'infortuné, n'eussent donné lieu aux discussions intestines qui ont éclaté parmi vous, et qui font le sujet de cet ouvrage !

Au mois d'octobre de l'année 1831, le nombre des ouvriers, vulgairement appelés CANUTS, se trouvant réduit à la plus extrême misère, laissa éclater son mécontement.

Le 11 du même mois, le conseil des prud'hommes, conseil composé de fabricans et chefs d'ateliers, fut convoqué extraordinairement à la provocation de M. le lieutenant-général comte Roguet, et prit une délibération qu'il adressa à M. Bouvier du Molart et à la chambre du commerce, dans laquelle considérant qu'il était de notoriété publique que beaucoup de fabricans payaient réellement des façons trop minimes, il déclarait qu'il était utile qu'un tarif au minimum fût fixé pour le prix des façons, etc. etc.

Le lendemain 12, M. le maire réunit à l'Hôtel-de-Ville un certain nombre de fabricans et chefs d'ateliers pour procéder à la rédaction des articles d'un tarif provisoire.

La question ayant été déférée à M. Bouvier du Molart, ce magistrat jugea prudent de s'entourer d'hommes éclairés pour aviser au moyen de soulager promptement la classe malheureuse des ouvriers.

Afin de parvenir plus facilement à son but, il convoqua, le 15, la chambre du commerce, et invita à cette séance MM. les maires de la Croix-Rousse, de Vaise et de la Guillotière.

Il fut décidé, à l'unanimité, que les ouvriers en étoffes de soie étant dans un état réel de souffrance, il était urgent de venir à leur secours en publiant un tarif librement rédigé par les fabricans et chefs d'ateliers, pour servir de règle aux prud'hommes dans les différends qu'ils auraient à juger.

Séance tenante, 22 fabricans pris dans divers genres de fabrication furent choisis par la chambre du commerce pour discuter et arrêter les bases d'un tarif avec un nombre égal d'ouvriers chefs d'ateliers, délégués par les commissaires élus dans leur première réunion.

Le 21, les autorités, persuadées que la politique était tout-à-fait étrangère au mouvement de la classe laborieuse, assemblèrent de nouveau la chambre du commerce : les quatre maires, ainsi que 44 représentans des fabricans et chefs d'ateliers, assistèrent à cette séance pour y travailler conjointement à la fabrication d'un tarif. Un incident inattendu s'éleva dans l'assemblée ; les fabricans déclarèrent que, ne représentant point la fabrique, ils ne pouvaient engager qu'eux-mêmes ; les délégués des ouvriers demandèrent l'ajournement de la séance, afin de donner aux fabricans le temps de choisir leurs représentans. Les fabricans, réunis en trois sections, sous la présidence d'autant de membres du corps municipal, nommèrent 25 mandataires chargés d'arrêter les bases du tarif, contradictoirement avec un nombre égal de délégués des chefs d'ateliers.

Le 25, furent convoqués les 25 mandataires et nombre égal de délégués des chefs d'ateliers, en présence du conseil des prud'hommes et de la chambre du commerce. Chacun fit son arrangement particulier et l'apporta signé au préfet qui consentit à faire afficher le tarif, en certifiant, de concert avec le maire, qu'il était conforme aux minutes déposées entre les mains de ce dernier.

Tout était tranquille, les ouvriers satisfaits reprenaient leurs travaux, et c'est à tort qu'on leur a imputé le rassemblement carliste du 4 novembre. Enfin tout allait du mieux, lorsque les vingt fabricans, seuls réfractaires du tarif, ayant pour eux M. d'Argout, parvinrent à détourner bon nombre de leurs confrères de l'exécution du tarif, et donnèrent lieu aux déplorables journées de novembre.

Le dimanche 20 novembre 1831, les ouvriers, réduits à la plus affreuse misère, frustrés d'ailleurs dans leurs espérances en voyant la coupable inexécution du tarif, s'assemblèrent à la Croix-Rousse. Il fut décidé que, dès le lendemain, les métiers cesseraient de travailler, et que les ouvriers se rendraient à Lyon pour demander l'exécution d'un tarif signé du préfet et approuvé d'ailleurs par les différens représentans des fabricans de Lyon.

La journée du 20 se passa assez tranquillement, les esprits étant occupés de la revue qui eut lieu sur la place Bellecour, revue à l'issue de laquelle le général Ordonneau fut reconnu commandant en chef de la garde nationale.

Cependant le bruit courait que les ouvriers, fatigués des vexations des fabricans et outrés de la violation du tarif, devaient faire une tentative violente pour les forcer à y obtempérer. Ces bruits, volant de bouche en bouche, éveillèrent enfin l'attention de l'autorité qui se mit en devoir d'en empêcher l'exécution.

Il fut décidé, dans un conseil composé du préfet, des maires de Lyon et de la Croix-Rousse, que, pour empêcher la coalition des ouvriers, les cinq portes, conduisant de Lyon à la Croix-Rousse, seraient occupées par un nombre égal de troupes de ligne et de garde nationale. Toute la garnison devait être consignée et prête à prendre les armes à la moindre alerte. Conformément aux dispositions du conseil, ordre fut donné à la garde nationale de se rassembler le lundi et de se tenir prête à tout événement.

Effectivement, le lundi matin, la première légion

de la garde nationale, composée en partie de fabri-cans, prit les armes ; il fut procédé, immédiate-ment après, à l'inspection des armes et à la distri-bution des postes.

Les premiers pelotons de garde nationale qui se trouvèrent réunis, se portèrent au pied de la Grande-Côte, où ils rencontrèrent les ouvriers des-cendant deux à deux, et se dirigeant sur Lyon sans aucune intention hostile, mais seulement dans le dessein de demander l'exécution des engagemens contractés entre eux et les fabricans, relativement au tarif.

Suivant différentes versions les gardes nationaux commencèrent par faire une décharge meurtrière sur ces citoyens inoffensifs. De leur côté, les ouvriers ripostèrent par une grêle de pierres et de balles ; bon nombre de gardes nationaux furent blessés, désarmés, quelques-uns même tués, et une retraite précipitée devint leur seule ressource : du côté des ouvriers, il y eut aussi quelques morts et un nombre assez considérable de blessés.

Ici une réflexion qui sans doute ne sera pas hors de propos, et qui se présente naturellement à l'es-prit du lecteur. Pourquoi l'autorité, instruite de l'antipathie existant entre les ouvriers et les fabri-cans, envoie-t-elle, pour les faire rentrer dans le devoir, ces mêmes fabricans, auteurs de tout le dé-sordre ? Pourquoi mettre en présence deux partis acharnés l'un contre l'autre ? Une parole, un geste pouvaient entraîner les plus grands désastres ; et c'est ce qui ne s'est malheureusement que trop réalisé.

Aussitôt après cette attaque qui ne laissait aucun espoir d'accommodement entre les deux partis, les ouvriers se répandirent dans la ville et élevèrent de fortes barricades, vers la rue Neyret et aux Pierres-Plantées. Les rues furent dépavées en partie, et les pavés montés dans les maisons pour servir de défense aux ouvriers qui en occupaient les appartemens. La fusillade une fois engagée, la troupe de ligne et la garde nationale prirent les armes et se rendirent aux Terreaux où les munitions leur furent abondamment distribuées. On marcha contre la Croix-Rousse où la fusillade, devenant vive de plus en plus, laissait assez entrevoir clairement que les ouvriers étaient bien disposés à défendre leurs droits jusqu'à la mort.

Le préfet du Rhône et M. le général Ordonneau, voulant arrêter l'effusion du sang, se rendirent à la Croix-Rousse, en costume officiel, pour haranguer les ouvriers et les faire rentrer dans le devoir. Ces derniers, quittant leurs barricades, les suivirent à la mairie de la Croix-Rousse, au nombre de 1,000 à 1,200 hommes, dont un certain nombre armé des fusils enlevés le matin aux gardes nationaux qui les avaient si injustement provoqués sur la place de la Croix-Rousse. Au moment où M. le préfet les haranguait, des décharges multipliées et le bruit du canon annoncèrent le renouvellement de l'attaque; les cris de aux armes, nous sommes trahis, sortirent de toutes les bouches. Soudain les ouvriers se précipitèrent sur lui et le firent prisonnier ainsi que le général Ordonneau.

Le feu continua jusqu'à la nuit qui seule put séparer les combattans : des barricades furent élevées sur différens points de la ville.

M. Bouvier du Molart fut rendu à la liberté à 8 heures du soir, le général Ordonneau à 2 heures du matin seulement. La nuit fut calme ; mais cette tranquillité apparente n'était que l'avant-coureur des nouveaux malheurs qui allaient accabler Lyon.

Dans la nuit du mardi plusieurs bataillons étant arrivés à marche forcée sur Lyon, prirent possession des postes qui paraissaient le plus exposés à tomber entre les mains des ouvriers. Ces derniers, qui avaient vu s'accroître leur nombre durant la nuit, s'étaient emparés des munitions des troupes qu'ils avaient désarmées.

Quoi qu'il en soit, les ouvriers forts de leur résistance de la veille et du nombre de leurs combattans, résolus à vaincre ou à périr, arborèrent un drapeau noir sur lequel on lisait cette inscription : *Vivre en travaillant ou mourir en combattant !* Dès le matin le bruit de la fusillade, et l'explosion des canons réveillèrent les citoyens. Toutes les rues adjacentes des Terreaux étaient garnies de troupes ; et les citoyens consignés chez eux ne pouvaient se hasarder à mettre la tête à la fenêtre sans crainte d'être fusillés par les balles de l'un ou l'autre parti.

La population laborieuse des Brotteaux, de la Guillotière et de St-Just se mit en marche pour opérer sa jonction avec les ouvriers de Lyon. Mais vers les dix heures le comte Roguet qui avait fait établir sur le port St-Clair une batterie pour défendre le passage des ponts Morand et Lafayette, donna ordre de tirer sur les Brotteaux d'où les ouvriers retranchés dans de nombreux chantiers, faisaient un feu continuel sur la garde citoyenne, exposée à la merci de leurs coups.

Sur ces entrefaites, d'autres ouvriers arrivaient par St-Clair; ce fut alors que le carnage devint terrible! Les troupes de ligne forcées de battre en retraite dans la ville, s'embusquèrent dans les maisons pour faire feu par les croisées.

Les ouvriers de la Guillotière forcèrent le passage des ponts à travers le feu de la mitraille et de la mousqueterie. Une boucherie horrible s'engagea sur le quai du Rhône et la place du Collége. Les quais du Rhône, de la Saône, ainsi que plusieurs rues étaient semés de barricades. Les magasins de trois armuriers furent enfoncés et pillés. La poudrière de Serin et l'arsenal situé à Ainay, furent emportés sur le soir. A cinq heures seulement, la nuit vint voiler ces scènes d'horreur et de carnage, triste fruit de l'infâme spéculation de quelques fabricans.

C'est à tort que dans cette malheureuse journée ainsi que dans les suivantes, quelques personnes mal intentionnées ont fait courir le bruit que l'émeute des ouvriers avait été conduite par l'or et les menées des carlistes; quelques-uns plus impudens encore, ont été jusqu'à dire que les ouvriers des Brotteaux et de la Guillotière se sont promenés un drapeau blanc à leur tête. Or, si quelques hommes du néant ont manifesté de coupables intentions, la honte n'en doit pas retomber sur les ouvriers lyonnais, sur ces ouvriers qui tous sont dévoués au bien de l'état, se sont offerts si généreusement à marcher pour réprimer les troubles de Nîmes. Que l'univers entier sache donc que la politique a été tout-à-fait étrangère aux manœuvres des ouvriers dont le but seul n'a jamais été que de demander l'accomplissement d'un tarif injustement violé.

Dans la nuit du 22 au 23 novembre, le conseil de guerre composé de MM. du Molart, comte Roguet, vicomte St-Geniès, Fleury, Duplan, Boisset, Gros, Gautier, vaincu par les exhortations d'un magistrat recommandable par ses vertus, voyant d'ailleurs l'impossibilité de se maintenir dans l'Hôtel-de-Ville, et combien peu on pouvait compter sur des troupes dépourvues de vivres et de munition, harassées de fatigues et de faim, prit la résolution, pour éviter de nouveaux malheurs, d'opérer la retraite, et d'évacuer l'Hôtel-de-Ville, pour prendre une position moins désavantageuse en dehors des murs.

Ensuite de cette décision signée de tous les membres du conseil, M. le général Roguet donna ordre aux troupes de battre en retraite. Il se mit en marche par le faubourg St-Clair, situé sur les bords du Rhône. Pour protéger et faciliter sa retraite il fit jouer son artillerie. Des feux de pelotons presque continuels furent mis en usage. Les troupes arrivèrent aux portes St-Clair gardées par un poste d'ouvriers qui voulut leur disputer le passage, mais une décharge générale faite par la troupe de ligne, éclaircit les rangs des ouvriers qui, outre un grand nombre de morts, eurent aussi beaucoup de blessés. Cet obstacle n'était pas le seul que la troupe du général Roguet eut à surmonter. Elle eut à essuyer le feu des fenêtres des faubourgs St-Clair et de Bresse, sur une étendue de près d'une demi-lieue semée d'une multitude de barricades. Grâces aux savantes manœuvres des généraux Roguet et Fleury, la retraite fut cependant effectuée, et le général Roguet alla d'abord camper à Montessuy, position élevée, qui domine la Croix-Rousse. Peu de temps après, il abandonna cette position pour aller établir son quartier-général à Reilleux.

Aussitôt après le départ des troupes, les ouvriers prirent possession de l'Hôtel-de-Ville, et restèrent ainsi maîtres de la ville.

L'arsenal et la poudrière furent occupés par le peuple, qui n'y trouva que 6,000 fusils, les poudres ayant été avariées ou jetées dans la Saône par les soldats du 66ᵉ qui défendaient ce poste de concert avec la garde nationale. Du moment que les troupes eurent évacué la ville, l'ordre se rétablit sur tous les points ; il n'y eut à regretter que la dévastation du café de la Perle et de la maison Oriol, dont les meubles, ustensiles et étoffes devinrent la proie des flammes. Plusieurs maisons qui avaient servi de retraite aux troupes de ligne pour tirer sur le peuple, devaient subir le même sort; mais nos braves ouvriers qui ne connaissent d'ennemis que sur le champ de bataille, cédèrent facilement aux remontrances des chefs de section. Un fait qui prouve combien l'ouvrier était loin d'avoir le désir du pillage, c'est qu'un individu qui cherchait à soustraire une pièce d'étoffe, fut aussitôt conduit à l'Hôtel-de-Ville pour être remis entre les mains de la justice; tant il est vrai, que depuis la nouvelle Charte, le mot *canaille* insolemment donné aux ouvriers par quelques fabricans, ne s'étend qu'aux filous et aux banqueroutiers.

Le peuple, dans le but de maintenir de plus en plus le bon ordre, et d'assurer le respect dû aux propriétés, fit circuler de nombreuses patrouilles, et poussa même la générosité jusqu'à placer des sentinelles aux portes des mêmes fabricans contre lesquels il avait déployé tant d'énergie. Il fut même publié une proclamation pour inviter les gardes nationaux à se réunir aux ouvriers afin de protéger les propriétés; cette proclamation se terminait par un appel à l'ordre et à l'union, avec ces mots : *le vol et le pillage seront punis de mort.*

Enfin, le 23, à sept heures, la proclamation suivante a été affichée dans toutes les rues de Lyon :

Lyonnais !

Nous avons voulu faire cesser l'effusion du sang, et le général, mu par un sentiment d'humanité, a

consenti à la retraite de la garnison. Toujours dévoués au maintien de l'ordre, c'est à vous à nous
apprendre si la voix de vos magistrats ne doit plus
être entendue. Craignez l'anarchie! songez à vos
familles et au bien de la cité. Nous sommes restés
pour écouter vos plaintes, et concerter avec vous
les mesures d'ordre convenables à tous les intérêts;
et à cet effet, nous demeurerons en permanence réunis dans l'hôtel de la préfecture.

Le préfet, Du Molart; le maire, Boisset, adjoint;
Duplan; E. Gautier, M. B. Gros.

Les mesures sages des ouvriers, les promesses et
les garanties de nos magistrats ramenèrent enfin
peu à peu le calme dans notre grande cité; l'ordre
se rétablit de plus en plus, les magasins furent ou-
verts de nouveau, les ouvriers retournèrent avec
confiance dans les ateliers, d'où la faim les avait fait
sortir; les fabricans qui s'étaient opposés à l'exécution
du tarif, voyant leur tentative rendue vaine et inu-
tile, consentirent à donner de l'ouvrage aux ouvriers.
Enfin, à voir la tranquillité de notre ville, un
étranger aurait eu peine à se croire au lendemain
d'une guerre civile.

Afin de subvenir au besoin le plus pressant de
la classe ouvrière, le conseil municipal a voté une
somme de 100,000 fr.; outre cela, il a ouvert une
souscription, à laquelle M. E. Gautier seul a
souscrit pour 25,000 fr. M. Lucotte, connu depuis
long-temps par son patriotisme, a déposé au bu-
reau du *Précurseur*, journal constitutionnel et dé-

fenseur des libertés de Lyon, la somme de 52 f. 40 c. provenant d'une collecte faite, par ce patriote, au poste des Célestins.

Le 26, chacun reprit ses occupations ; le 27, les théâtres reprirent le cours de leurs représentations ; en un mot, le retour de la garnison dans Lyon était la seule chose qui manquait à l'ordre accoutumé. La demande en avait été faite dès le 25, au comte Roguet, qui y serait rentré si le bruit de l'arrivée du duc d'Orléans n'eût changé ses projets à cet égard.

Nous ne terminerons point ce récit sans mettre sous les yeux de nos lecteurs quelques traits de bravoure et de dévouement de la part des ouvriers. Nous regarderions aussi comme une ingratitude de notre part de laisser dans l'oubli la généreuse conduite de quelques médecins de Lyon.

Au nombre des personnes qui se sont signalées par leur zèle et leur humanité pendant les trois fatales journées de novembre, on cite : MM. Botex, Clerjon, Sauveton, François, Gabillot, Trolliet, Morel et Monfalcon, médecins ; sans compter MM. les chirurgiens du 40e et 66e de ligne, ainsi qu'un grand nombre d'élèves en chirurgie de l'Hôtel-Dieu, qui tous à l'envi ont rivalisé de zèle, pour panser les blessés, sans aucune distinction. Parmi ces amis de l'humanité, on ne doit point oublier MM. Dussurgey, Pilet, Dubouchet et Caron qui étaient encore à leur poste à deux heures du matin, moment où les troupes reçurent l'ordre d'évacuer.

Dans la pénible retraite que firent les troupes par le cours d'Herbouville, dans la nuit du 22 au 23, un soldat a la jambe cassée par une balle, vis-à-vis le moulin du sieur Champt, près la salle Gayet. Il tombe, et le docteur Chereau, aide-major au 66ᵉ de ligne, qui se trouvait près de lui, accourt, et lui aide à se traîner dans le moulin, le panse, et songe alors à la retraite. Mais il n'était plus temps, la colonne des troupes avait dépassé le faubourg St-Clair. Force fut donc au docteur Chereau de rester dans le moulin jusqu'au jour. Mais aussitôt que cela fut possible, il parcourut le quartier, cherchant les militaires blessés, et fit toutes les démarches nécessaires pour les faire évacuer sur Lyon, après leur avoir donné tous les soins qu'exigeait leur état. Le docteur se rendit ensuite chez les citoyens blessés, avec un empressement plein d'humanité dont les habitans du faubourg St-Clair garderont long-temps le souvenir.

(*Précurseur* du 29 novembre 1831.)

Le sieur Chaboud, propriétaire et chef d'atelier à la Croix-Rousse, ayant vu le sieur Gamot, lieutenant de l'ex-garde nationale, sur le point de devenir victime de la fureur des ouvriers, qui l'avaient fait prisonnier, se précipita au milieu d'eux pour le sauver, et faillit payer de sa vie cet acte de générosité.

A la Grande-Côte , un garde national de la première légion , blessé à la cuisse et au bras , et dans l'impossibilité de fuir, ni de faire usage de ses armes , s'assied contre une borne , prêt à tomber en faiblesse. Un jeune homme de la rue Neyret, âgé d'environ 18 à 19 ans , lui arrache son schakot et son habit d'uniforme, le revêt de sa propre camisole , lui met sa casquette sur la tête , et le reconduit chez lui où il ne le quitte qu'après lui avoir fait prodiguer tous les secours nécessaires à son état.

Sur la place du Collége, un ouvrier atteint d'une blessure mortelle , tombe sur le champ de bataille. Un instant après , s'apercevant que les cartouches manquaient à ses camarades : Mes amis , leur dit-il, en soulevant péniblement la tête , il en est encore deux dans la poche de mon gilet. En disant ces mots il expira.

Madame veuve B***, mère de famille , demeurant sur la place de la Croix-Rousse, voit tomber un enfant de 14 à 15 ans , atteint d'une balle dans l'estomac, le prend dans ses bras, et bravant le danger avec une fermeté au-dessus de son sexe , l'entraîne chez elle, et lui donne tous les soins qu'exige son état de souffrance.

- Telle a été la conduite de ces ouvriers que quelques journaux ministériels se sont plus à dépeindre comme des séditieux et des révolutionnaires. Tant s'en faut que le pillage et la dévastation compagne ordinaire d'une guerre civile, aient été la suite de leur insurrection, qu'au contraire, ils ont donné en tout temps les preuves du patriotisme le plus pur en renversant un fantôme de république que quelques perturbateurs étrangers pour la plupart à la fabrication des étoffes de soie, avaient dans leur coupable délire voulu substituer à la place de l'administration. Heureux à l'avenir si le travail et l'abondance ramènent chez eux cette harmonie et cette concorde qui fit de tout temps le bonheur de la France !